Mama

🇺🇸 mommy
🇬🇧 mummy

Papa

daddy

Junge

boy

Mädchen

girl

1

eins

one

2

zwei

two

3

drei

three

4

vier

four

5

fünf

five

6

sechs

six

7

sieben

seven

8

acht

eight

9

neun

nine

10

zehn

ten

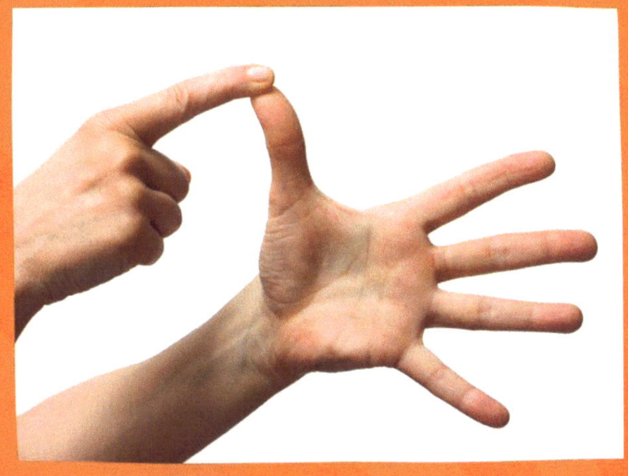

zählen

count

schreiben

write

zeichnen

draw

malen

paint

Kreis

circle

Quadrat

square

Rechteck

rectangle

Dreieck

triangle

Stern

star

schwarz

black

weiß

white

braun

brown

rot

red

blau

blue

gelb

yellow

grün

green

lila

purple

grau

🇺🇸 gray
🇬🇧 grey

orange

orange

rosa

pink

Apfel

apple

Banane

banana

Ananas

pineapple

Wassermelone

watermelon

Birne

pear

Weintrauben

grapes

Mango

mango

Pfirsich

peach

Erdbeere

strawberry

Kirsche

cherry

Orange

orange

Kokosnuss

coconut

Zitrone

lemon

Pilz

mushroom

Mais

corn

Tomate

tomato

Kürbis

pumpkin

Gurke

cucumber

Karotte

carrot

Kartoffel

potato

Zucchini

🇺🇸 zucchini
🇬🇧 courgette

Spinat

spinach

Blumenkohl

cauliflower

Ei

egg

Teller

plate

Löffel

spoon

Messer

knife

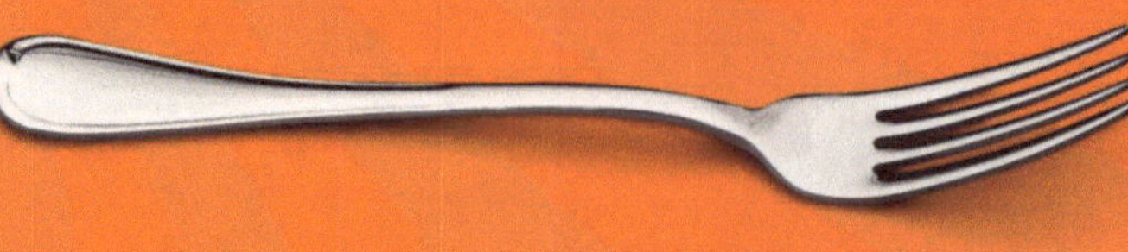

Gabel

fork

Kuchen

cake

Babyflasche

baby bottle

Süßigkeiten

candies

Käse

cheese

trinken

drink

essen

eat

heiß

hot

kalt

cold

klein

small

groß

big

 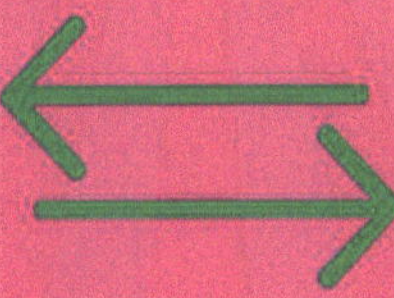

kurz

short

lang

long

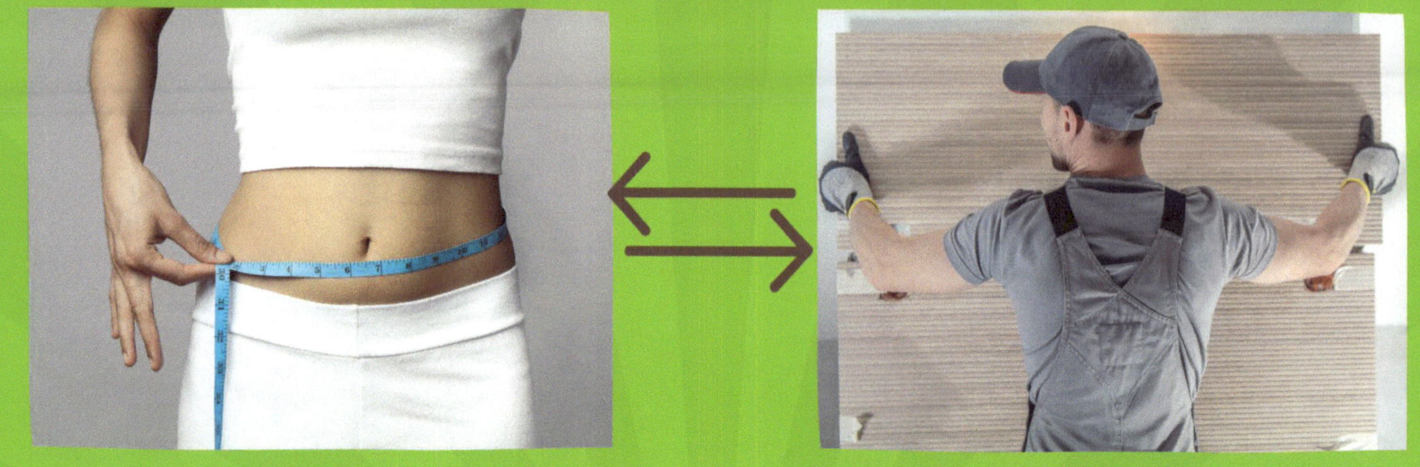

dünn

thin

groß

large

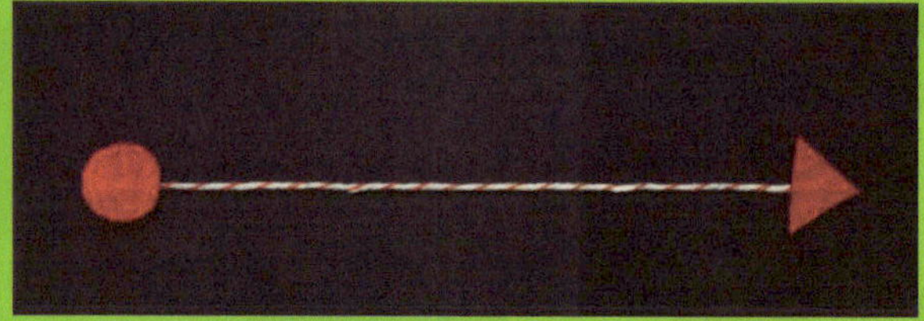

leicht

easy

schwierig

difficult

aufstehen

stand up

hinsetzen

sit down

süß

sweet

salzig

salty

schwer

heavy

leicht

light

in

in

aus

out

dreckig

dirty

sauber

clean

schließen

close

öffnen

open

Bleistifte

pencils

Uhr

clock

Schlüssel

key

Buch

book

Bett

bed

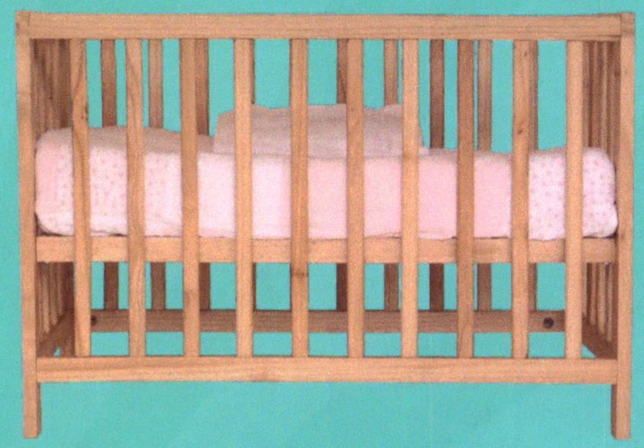

Krippe

 crib

cot

Tisch

table

Stuhl

chair

Auto

car

Fahrrad

bike

Flugzeug

plane

Boot

boat

Zug

train

Hubschrauber

helicopter

Feuerwehrauto

🇺🇸 **firetruck**
🇬🇧 **fire engine**

Feuerwehrmann

firefighter

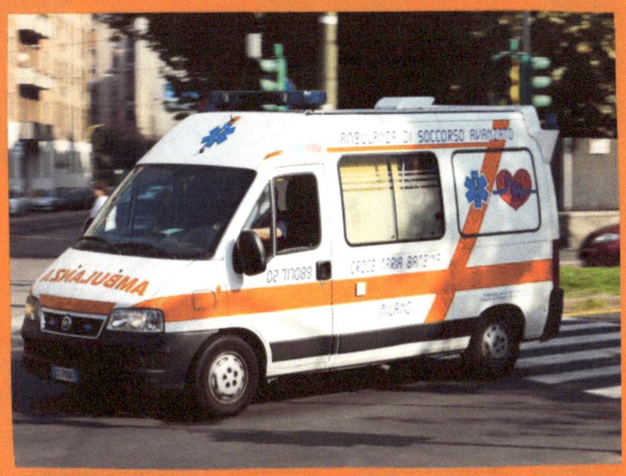

Krankenwagen

ambulance

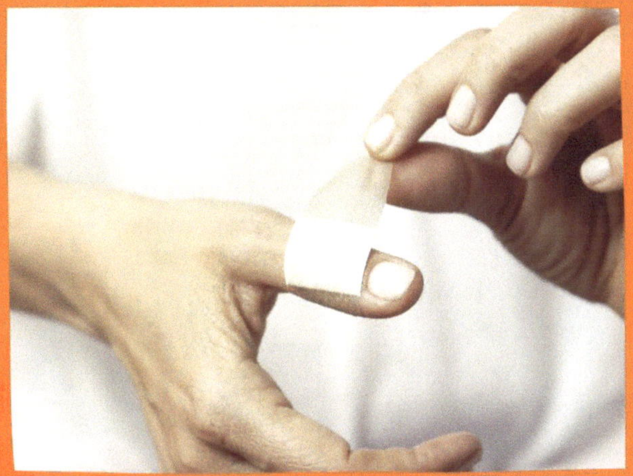

Verband

bandage

Rettungssanitäter

paramedic

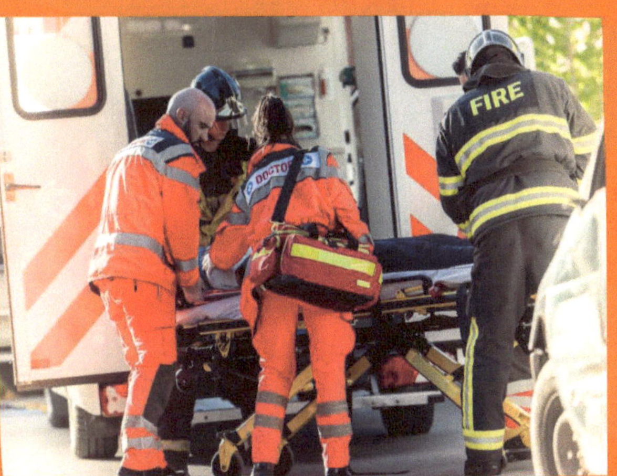

Rettungsteam

rescue team

Wald

forest

Berg

mountain

Gras

grass

Sand

sand

Baum

tree

Blume

flower

Schmetterling

butterfly

Ameise

ant

Katze

cat

Hund

dog

Pferd

horse

Maus

mouse

Kuh

cow

Schwein

pig

Schaf

sheep

Ente

duck

Gans

goose

Hase

rabbit

Fisch

fish

Tierärztin

vet

Doktor

doctor

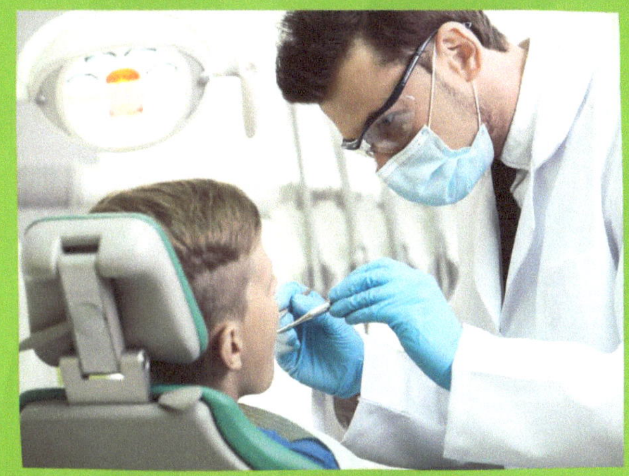

Zahnarzt

dentist

Apotheker

pharmacist

Krankenschwester

nurse

Kopf

head

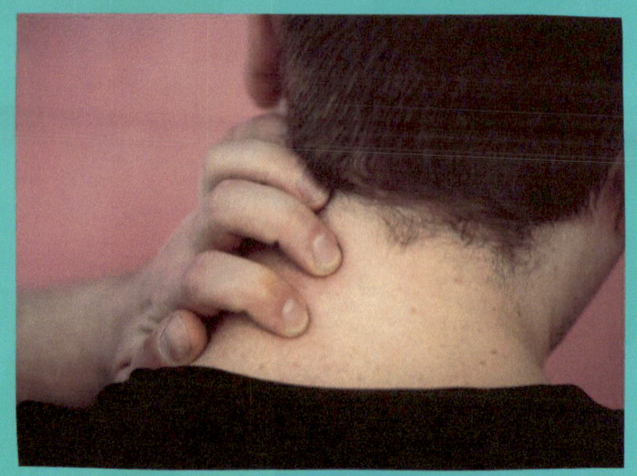

Hals

neck

Fuß

foot

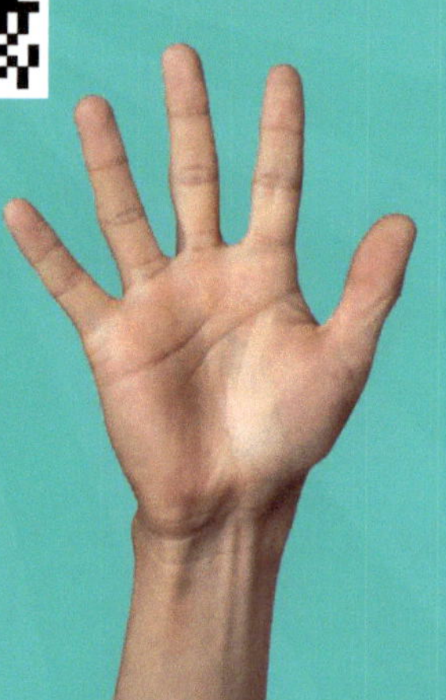

Hand

hand

Zähne

teeth

Auge

eye

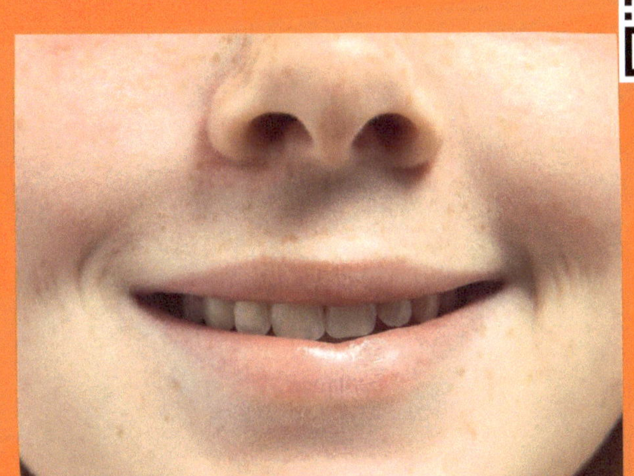

Mund

mouth

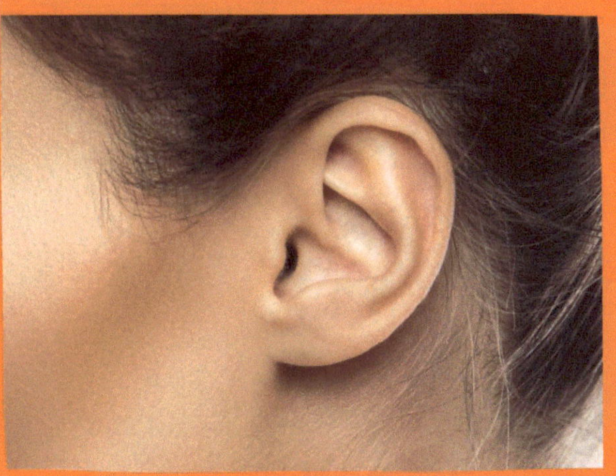

Ohr

ear

Hut

hat

Kleid

dress

Hose

 pants

trousers

Schuhe

shoes

Mantel

coat

Schal

scarf

Regenschirm

umbrella

Brille

glasses

Sonne

sun

wolkig

cloudy

regnerisch

rainy

Mond

moon